GUIDE DE L'ÉTRANGER,

OU

PRÉCIS SUCCINCT DE L'HISTOIRE ET DES MONUMENS

DE

LA VILLE DE DREUX,

A l'usage des Voyageurs,

PAR Mme PHILIPPE LEMAITRE,

Membre de la Société des Sciences, Arts et Belles-Lettres de l'Eure, et Auteur de plusieurs Notices Archéologiques.

Nouvelle Édition, revue, corrigée et augmentée.

SE TROUVE :

A ROUEN ET A DREUX,

Chez les principaux Libraires.

—

1845.

Quiconque ferait réimprimer cet Ouvrage sans l'autorisation de l'Auteur, s'exposerait aux poursuites spécifiées par la nouvelle Loi sur la propriété littéraire.

Guide de l'Étranger,

OU

PRÉCIS SUCCINCT DE L'HISTOIRE ET DES MONUMENS

DE

LA VILLE DE DREUX,

A L'USAGE DES VOYAGEURS.

De nos jours, les villes les moins célèbres, les villages les plus ignorés ont presque tous joui des honneurs de l'illustration littéraire ; on a secoué la poussière des archives et disputé aux rats les parchemins que depuis bien des années ils étaient en possession de ronger paisiblement ; on a dépouillé lettre par lettre les lambeaux des manuscrits échappés à grand'peine aux flammes révolutionnaires ou à l'humidité des murs de nos châteaux abandonnés ; on a enfin compulsé les annales de notre patrie ; le tout pour ressusciter l'histoire des plus humbles localités : comment se fait-il donc que Dreux, qui n'a jamais été sans importance, n'ait pas encore pu obtenir la sienne ? Car c'est en vain qu'en arrivant au pied de la montagne où s'élevait autrefois son antique citadelle, dont les vénérables ruines sont maintenant abritées par un pieux monument funéraire (1), le voyageur, frappé d'admiration, s'informe où il pourra trouver un livre, une notice, un écrit quelconque, qui lui apprenne l'origine de ces vieilles tours aux remparts écroulés, et le guide, au sein de la cité moderne, vers ce qui reste encore de la cité gothique ; on lui répond que sa recherche est inutile, parce que personne n'a écrit l'his-

(1) La chapelle royale où sont enterrés les membres de la famille de Louis-Philippe, roi des Français.

toire de Dreux (2). N'est-ce pas, en vérité, presqu'une honte que ce silence des écrivains modernes sur une ville dont les comtes descendaient du sang royal? Ce singulier oubli, cette étrange indifférence nous ont d'autant plus étonnée, que nous nous sommes convaincue, par un minutieux examen de l'histoire et des monumens de Dreux, qu'ils sont aussi véritablement dignes d'exciter l'intérêt que de fixer l'attention. Nous avons donc voulu, autant qu'il était en notre pouvoir, à nous qui sommes pourtant totalement étrangère à cette ville, essayer de la faire sortir de son obscurité, en réunissant d'abord, dans un tout petit cadre, les documens que nous sommes parvenue à obtenir, et dont nous sommes redevables à l'extrême obligeance de MM. Huchot, libraire; Langlois père, marchand de fers; Milet, bibliothécaire; Lamésange, premier adjoint à la Mairie, et Lemenestrel, imprimeur, qui ont mis à notre disposition tous les documens et manuscrits qu'ils possédaient, et que nous prions de vouloir bien agréer le témoignage de notre sincère gratitude.

Nous ne nous flattons, certes, pas de donner ici une histoire complète de la ville où reposent les cendres des membres de la famille régnante d'Orléans; le temps nous manque, et nous sommes forcée de remettre à un autre moment le détail des événemens remarquables et des sanglantes guerres dont Dreux fut si souvent le théâtre et l'objet. Nous prions donc nos lecteurs de ne considérer notre travail actuel que comme préparatoire, et, en quelque sorte, comme une espèce de levée de bouclier destinée à appeler l'attention publique sur l'historique d'une ville trop long-temps négligée, malgré tout l'intérêt que présentent les annales de son passé et son état présent.

Puisse cette courte revue de Dreux intéresser les voyageurs, ordinairement si avides de connaître les particularités remarquables des localités qu'ils explorent! Si elle peut leur être de quelqu'utilité, nos vœux seront exaucés et notre but rempli.

(2) M. Philippon de la Madeleine est le seul écrivain qui ait fait quelque mention de Dreux dans son beau livre de l'*Orléanais*.

Origine de Dreux et ses Comtes.

L'origine de Dreux, comme celle de plus d'une ancienne ville, se perd dans la nuit des temps. Aussi l'imagination a-t-elle trouvé à son sujet un vaste champ à parcourir, ainsi qu'il en est toujours à l'égard des fondations inconnues.

Cependant, il est à remarquer que toutes les conjectures hasardées jusqu'ici sur l'origine de la ville de Dreux, s'accordent assez unaniment pour dire qu'elle fut fondée par un certain Dryus (3), chef gaulois, qui lui laissa son nom, et qu'elle était la capitale du pays des Durocasses. M. Philippon de la Madeleine, dans son bel ouvrage de l'Orléanais, dit qu'il est plus probable que sa dénomination vient du latin francisé *Pagus Durocassinus*, cité dans les capitulaires de Charles-le-Chauve, et que depuis on a changé en ceux de Drogas, Drocas, Drocis, d'où est enfin dérivé celui de Dreux.

Toutefois, il n'y aurait rien d'impossible à ce que l'étymologie de ces noms dérivât du mot *Druide*, puisque, suivant toute apparence, Dreux était le principal collége des prêtres de Teutatès ; au moins cette ville faisait-elle partie du pays des Carnutes (4), et d'ailleurs elle portait du gui dans ses armoiries (5).

Rarement, les peuples se contentent-ils de documens certains et récens sur l'origine des droits que leurs souverains ont à la possession de leur pays natal, s'ils n'y trouvent une sorte de fanstasmagorie grandiose, qui leur prête une existence immémoriale. C'est que le terme de notre vie est si court, qu'il est bien naturel qu'on s'efforce de se faire revivre le plus possible dans le passé, pour compenser la brieveté de l'avenir.

(3) Quelques biographes n'ont pas craint de le désigner comme fils de Noé.

(4) Sur l'étymologie de ce nom, voyez l'*Orléanais ancien et moderne*, page 4.

(5) Nous tenons de M. Lamésange, adjoint à la mairie de Dreux, qu'il y avait autrefois au château de cette ville des sculptures représentant du rameau de gui. Maintenant les armoiries de Dreux sont encore *soutenues* de branches de chêne.

Beaucoup d'auteurs ont donc, de la meilleure foi du monde, fait remonter les droits de souveraineté des rois de France sur Dreux, à l'époque des Mérovingiens, et cela sans interruption et sans tenir compte des invasions, non plus que des aliénations forcées ou volontaires des domaines royaux. Ce serait donc à l'histoire de démontrer la fausseté de ces assertions et de rétablir la vérité des faits, si elle-même n'était pas demeurée muette à cet égard.

La première mention qui ait été faite de Dreux est à propos d'un obit fondé en 954, à l'église de Saint-Étienne de Dreux, par Eve, femme d'un seigneur ou comte de Dreux, nommé Gautier. Cette dame donna à cette église, à l'occasion de sa fondation, ses terres de Marville et de Cérisy.

Quelques écrivains, entre autres Nagerel, ont voulu trouver, dans la souveraineté de ce Gautier à Dreux, la preuve que ce comté n'appartint pas toujours aux rois de France. On ne pouvait plus inutilement choisir une citation moins probante, car ce Gautier ne fut point comte de Dreux, mais seulement chevalier, sous l'obéissance du duc de Normandie, qui peut-être lui avait confié, en son absence, le gouvernement de sa ville de Dreux (6).

Le duc de Normandie, auquel Gautier obéissait, était Richard Ier, surnommé *Sans-Peur*. On ne sait pas bien au juste comment le comté de Dreux passa à son pouvoir. L'opinion de quelques auteurs est qu'il lui vint par succession de son aïeul Rollon, qui avait pu le conquérir pendant ses ravages dans le pays chartrain, auxquels Chartres même n'échappa que par miracle, et le conserver de gré ou de force après son accommodement avec Charles-le-Simple. Quoiqu'il en soit, il est toujours certain que sous Richard Ier, la Coutume de Normandie était suivie à Dreux.

Suivant un manuscrit, conservé à l'hôtel-de-ville de Dreux, Richard Ier maria sa fille Mathilde à Eudes, comte de Chartres, qu'en faveur de ce mariage il gratifia du comté de Dreux. Peu d'années après, la

(6) Voir l'*Histoire des Carnutes*, à la bibliothèque de Dreux.

guerre s'alluma entre ce même Eudes et son beau-frère Richard. La mort de Mathilde, qui ne laissa point d'enfans, fut le sujet de cette guerre, Eudes refusant de restituer à Richard le château d'Orchères (7) et partie du comté de Dreux, composant la dot de cette princesse.

Richard II vint assiéger la ville de Dreux. C'est là le premier siége qu'elle ait subi, dont la mémoire se soit conservée. Elle résista aux armes de Richard, qui, ne pouvant parvenir à forcer ses murailles, fit construire sur le bord de la rivière d'Avre un château fort, qu'il appela Tillières, et où il mit grande abondance de vivres avec une forte garnison, sous le commandement de Noël de Saint-Sauveur et de Raoul et Roger de Thorigny (8). Cette entreprise terminée, il revint à Rouen, ramenant avec lui ses hommes d'armes, auxquels il ordonna de rentrer dans leurs foyers. La guerre parut donc terminée.

Mais il n'en devait point être ainsi. Eudes, en digne descendant de Thibault-le-Tricheur, comte de Chartres et son aïeul, réussit à force d'intrigues à déterminer Valeran de Meulent, Hugues du Mans et beaucoup d'autres chevaliers à se joindre à lui, pour surprendre le château de Tillières. Cette tentative lui fut fatale : non-seulement, il fut vaincu par la brave garnison de la forteresse ; mais encore il ne put parvenir à rentrer dans Dreux, dont les Normands se rendirent maîtres.

La guerre recommença plus acharnée. Robert, roi de France, voulut accommoder les contendans ; mais, soit impatience de Richard, soit qu'il crût s'apercevoir que le roi favorisait Eudes, il appela à son secours Olaw ou Olaüs, roi de Norwège, et Lakman, roi de Suède. Le seul bruit de leur arrivée et les cruautés auxquelles ils se livrèrent, rappelant le souvenir des calamités que de pareilles descentes des hommes du Nord avaient jadis attirées sur la France, alarmèrent Robert, à tel point qu'il se hâta de mettre en œuvre

(7) Guill. Gemm. dit Pontorson, ainsi que Farin.
(8) Que Guill. Gemm. appelle Nigel de Coutances et Raoul et Roger de Ternois.

tous les moyens possibles pour terminer le différent. De concert avec lui, les évêques de France sollicitèrent vivement Richard d'entendre à une paix, à condition que son fort de Tillières resterait sur pied; que les dépendances du comté de Dreux lui appartiendraient à l'avenir, et que le comte Eudes conserverait seulement le château de Dreux ; mais à charge d'hommage au roi de France. Richard ayant accepté cet arrangement, la guerre fut définitivement terminée (9).

L'histoire ne nous enseigne point quel fut le successeur d'Eudes. On peut supposer, dit le manuscrit de la bibliothèque de Dreux, que ce furent ses enfans. Il eut d'un second mariage avec Berthe, fille de Conrad Ier, roi de la Haute-Bourgogne, cinq enfans : Thibaud, mort le premier sans postérité; Eudes-le-Grand; Thibault, Henri et Agnès.

Un manuscrit, que nous a obligeamment communiqué M. Leménestrel, imprimeur à Dreux, fait succéder au beau-frère de Richard II, un Otran, comte de Dreux, en 1053, qui est suivi, en 1070, de Gason, et en 1086, de Hugues de Dreux. Suivant ce manuscrit, Hugues donna à l'Église de Saint-Père-en-Vallée, de Chartres, l'église d'Epautrolles, donation à laquelle Osilie, sa femme, ainsi que Gobert et Garin, ses fils, consentirent. Mais outre qu'on ne voit point que ces deux derniers lui aient succédé, et que d'ailleurs ces noms ne coïncident nullement avec ceux des enfans du mari de Berthe de Bourgogne, il resterait encore à expliquer par quel événement le comté de Dreux fit reversion à la couronne ; ce passage doit donc, selon nous, être considéré comme apocryphe. Peut-être devrait-on en dire autant d'une chronique citée par le manuscrit de la bibliothèque de Dreux, où figure un certain Auvray à la suite d'Eudes, en qualité de comte de Séez et de Dreux.

Après l'arrangement de Richard avec Eudes, il n'est plus fait mention de Dreux avant le règne de

(9) D'après le manuscrit de la bibliothèque de Dreux, ce fut de cette époque que la Coutume de Normandie fut abolie à Dreux.

Louis VI, dit *le Gros*, roi de France; mais à cette époque on voit ce roi permettre, en 1110, aux chanoines de Dreux d'avoir recours à lui, lorsqu'ils se trouveraient lésés dans leurs biens, comme ils l'avaient été par les moines de Coulombs pendant la guerre de Gisors. Ce fut Louis VI qui acheva l'église royale et collégiale de Saint-Etienne de Dreux, auparavant simple prieuré, qu'il transforma en un abbaye de chanoines réguliers, dépendant de Saint-Victor de Marseille.

Louis VI investit son fils Robert du comté de Dreux, du moins Mézeray dit-il positivement qu'il le reçut pour sa part de succession. D'après le manuscrit de la bibliothèque de Dreux, on pourrait croire qu'il ne le tenait cependant pas de son père, mais plutôt de son mariage avec Agnès de Braine, fille de Guy de Baudemont, héritière d'Eudes, comte de Dreux, Champagne et Blois, ce qui pourrait se prouver par les armes de ce dernier, qu'on voyait autrefois, avec celles de Blois, à Saint-Yves de Braine, sur le tombeau d'Agnès, d'où l'on a inféré qu'elle descendait d'Eudes, comte de Chartres, beau-frère de Richard II. On peut encore ajouter, pour corroborer cette preuve, que Robert se reconnaissait vassal de la couronne. Or, la vassalité et l'hommage avaient été imposés à Eudes, comme condition expresse, lorsque, pour terminer la querelle des deux beaux-frères, il accorda au premier le comté de Dreux.

Cependant, on a prétendu trouver dans les largesses faites à la ville de Dreux par Louis VI, largesses que nous mentionnerons au chapitre des Monumens publics, on a disons-nous, prétendu trouver la preuve que Louis VI était personnellement comte de Dreux, par une réversion de nature ou d'autre à la couronne, et que son fils Robert ne le devint que par sa volonté et non à cause de l'alliance d'Agnès. Quoiqu'il en soit ce fut ce Robert, premier du nom, qui commença la tige des comtes de Dreux, dont nous donnons ici la liste de succession dans la branche masculine :

Robert Ier, fils de Louis-le-Gros, marié à Agnès de Baudemont. On ne dit point où il fut inhumé.

Robert II, son fils, enterré à Saint-Yves de Braine.
Robert III, fils de Robert II et d'Islande de Coucy, enterré à Saint-Yves de Braine.
Jean Ier, fils de Robert III et d'Éléonore..... Le lieu de sa sépulture n'est point désigné.
Robert IV, fils de Jean Ier, inhumé à Saint-Léger, près Montfort-l'Amaury; d'autres disent à Saint-Yves de Braine.
Jean II, fils de Robert IV, enterré à Longchamps, près Paris, malgré que son testament portât qu'il voulait être déposé à Saint-Yves de Braine.
Robert V, fils de Jean II, enterré à Saint-Étienne-de-Dreux.
Jean III, frère de Robert V, mort ainsi que lui, sans postérité.
Pierre, fils de Jean II, enterré à Saint-Étienne-de-Dreux.

En lui finit la branche masculine des descendans de Louis-le-Gros. Le comté de Dreux devait dès-lors, dit le manuscrit de la bibliothèque, retourner à la couronne; mais les troubles du règne de Philippe de Valois empêchèrent d'y penser. La ligne collatérale se perpétua donc par Jean, fils de Simon de Dreux, qui fut autorisé à porter le titre de vicomte de Dreux. Le dernier comte, Pierre, n'avait laissé qu'une fille; elle mourut à l'âge de neuf mois; mais il restait une autre Jeanne, fille de Jean II; ce fut à elle que revint le comté, comme à la plus proche parente de Pierre, malgré les obstacles que voulut y apporter son neveu Jean.

Jeanne, fille de Jean II; elle épousa Louis de Thouars, qui prit le titre de comte de Dreux.
Perrenelle, fille de Jeanne de Dreux et de Louis de Thouars; elle épousa Tristan de Rouault. Ils vendirent le comté de Dreux à Charles V, moyennant la somme de 7,500 vieux écus. Reversion à la couronne.
Charles V, roi de France, comte de Dreux.
Charles VI, fils de Charles V, roi de France et comte de Dreux. Il vendit ses droits sur le comté à Arnault Armanjeu d'Albret.

Arnault Armanjeu d'Albret, comte de Dreux.

Charles d'Albret, connétable de France, fils d'Arnault Armanjeu. Louis de France, duc d'Orléans, le déposséda du Comté de Dreux; mais après la mort de Louis, Charles VI le lui restitua.

Charles II d'Albret, fils de Charles Ier, comte de Dreux.

Sous Charles II, la ville de Dreux fut assiégée par les Anglais. Dépourvus de tout espoir de secours à cause de l'état funeste où se trouvait Charles VI, les Drouais se virent contraints de capituler, ce qu'ils ne firent qu'à des conditions honorables; mais la mauvaise foi anglaise ne tint aucun compte de la parole jurée : la ville de Dreux se vit pillée, les citoyens insultés et égorgés par les troupes d'Henri V, comme eût pu être traitée une place prise d'assaut.

Nulle part, fait observer le manuscrit de la bibliothèque de Dreux, il n'est fait mention de ce siége à la fois terrible et mémorable. Mais le quartier d'Henri V étant à Moronval, il est vraisemblable que les batteries de canon y furent dressées sur une hauteur au-dessous de laquelle est ce village qui joint les friches de Moronval et de Mézières; et d'où l'on découvre la Folie, Saint-Pierre, la ville entière et le château. Les dommages éprouvés par le chœur de l'église Saint-Pierre semblent corroborer cette opinion, prouvés qu'ils furent par une inscription ainsi conçue, qui fut gravée sur un des six piliers placés derrière le maître-autel :

« Des aumônes et bienfaits des manans de Dreux, » ces six piliers furent refaits l'an de grâce 1424. »

Après la reddition de Dreux, le duc de Suffolk fut nommé gouverneur de cette ville pour Henri V.

Cependant les serviteurs ou les vassaux de Charles d'Albret s'étant retranchés dans le château de la Robertière, dans la forêt de Dreux, le duc de Suffolk alla les y assiéger. S'y étant morfondu inutilement pendant huit mois, il allait être contraint à lever honteusement le siége, si, encore une fois, la trahison ne fût venue à son secours, et ne lui eût livré le château.

Suffolk étant mort, le duc de Bedford le remplaça dans le gouvernement de Dreux ; mais lassés d'une domination étrangère et odieuse, et sollicités par Charles d'Albret, les habitans de la ville se soulevèrent contre les Anglais. Cependant ils ne parvinrent à les expulser qu'après la mort de Bedford, arrivée en 1435 (10). On prétendit qu'outre les efforts de Charles d'Albret et de son gendre Arthus III, duc de Bretagne, la trahison du commandant de Dreux pour les Anglais, un certain Guillaume de Brouillac, livra, pour 18,000 écus, la ville de Dreux à Charles VII, qui la restitua au connétable Charles II d'Albret.

Continuation de la liste des comtes de Dreux.

Artus III, gendre de Charles II d'Albret, comte de Dreux.
Arnault Armanjeu II d'Albret, fils de Jeanne, femme femme d'Artus III.
Jean d'Albret, fils d'Arnault Armanjeu. Il épousa Charlotte de Bourgogne, dont il eut une fille nommée Marie.

Le cousin de Jean d'Albret, Alain d'Albret, s'empara du titre de comte de Dreux, et en cette qualité l'engagea au célèbre historien Philippe de Commines ; mais la noblesse et la bourgeoisie lui prêtèrent la somme nécessaire pour le dégager. Ensuite poursuivi par ses cousins, il fut obligé de restituer le titre et le comté à Jean, mari de Charlotte de Bourgogne.

Marie d'Albret, fille de Jean d'Albret, comtesse de Dreux. Elle épousa François de Clèves, duc de Nevers. Ce duc prit le titre de comte de Dreux.

A cette époque, un arrêt du parlement réunit le comté de Dreux à la couronne, en donnant aux enfans de Marie d'Albret une somme de 4,000 francs, par forme de dédommagement.

(10) Et non en 1447, comme le dit à tort le manuscrit de Dreux, et comme nous l'avons répété à tort dans notre première édition.

Réunion à la couronne.

François Ier. On voyait ses armes et sa devise à l'Hôtel-de-Ville de Dreux, au XVIᵉ siècle.

Henri II, roi de France, comte de Dreux. Il donna ce comté à sa femme, Catherine de Médicis, en 1556, par constitution de douaire.

Catherine de Médicis, comtesse de Dreux.

Sous le gouvernement de cette reine, les protestans et les catholiques s'attaquèrent dans les plaines de Marville, à deux lieues de Dreux, sur la route de Chartres. Le connétable de Montmorency et le duc de Guise, commandaient les catholiques; le prince de Condé était à la tête des protestans. Ces derniers furent vaincus, et le prince de Condé fait prisonnier. Les seigneurs morts furent déposés dans l'église de Saint-Pierre de Dreux.

Après la mort de Catherine, François, son fils, duc d'Alençon, fut investi par son frère Henri III, roi de France, de la ville et comté de Dreux.

François, duc d'Alençon, comte de Dreux. Sa mort, arrivée en 1584, sans postérité, réunit encore une fois Dreux à la couronne.

Henri III, roi de France, comte de Dreux. Ce roi aliéna de nouveau le comté de Dreux en 1585, pour le prix de 30,000 écus. Les acquéreurs étaient les sieurs Lecamus, Parent, Mirois, Marcil, Villequier, Hérault, et de Bellièvre. En 1587, ils cédèrent leurs droits aux sieurs Villequier, Chenaille et marquis d'O.

Les troubles d'alors ne laissèrent guère à ces derniers que le titre : la justice s'exerçait toujours au nom du roi, quoiqu'ils nommassent aux charges.

Dreux embrassa avec ardeur le parti de la ligue : il se commit dans cette ville plusieurs violences et cruautés contre ceux qui n'étaient pas de cette association. Le gouverneur du donjon, pour Henri IV, nommé Des-Paux, fut assassiné par Devilliers, citoyen de Dreux, assisté d'un gentilhomme du voisinage, nommé Dumesnil-Tillet.

En 1590, Henri IV mit le siége devant Dreux, les sieurs de Farlande et de Viette la défendirent au nom de la ligue. Mayenne partit de Paris pour venir à leur secours. Henri l'ayant appris, leva le siége afin d'aller à sa rencontre et il le joignit dans la plaine d'Ivry où Mayenne perdit la célèbre bataille de ce nom.

En 1593, Henri IV revint devant Dreux. Pendant le temps qui s'était écoulé depuis son premier siége, la ville avait réparé et augmenté ses fortifications. Au lieu du double fossé de son enceinte précédente, on n'en avait creusé qu'un seul, mais énormément large et profond; c'est celui où coule aujourd'hui la Blaise. Il fut achevé en deux mois aussi bien que trois boulevards situés aux trois principales portes qui sont celles de Chartres, de Paris et d'Orrisson. Cependant ils ne purent empêcher Henri de pénétrer dans la ville au bout de huit jours de siége. De là il se présenta devant le château où les partisans de la ligue s'étaient retranchés. Il y perdit beaucoup de monde et eût peut-être été forcé d'abandonner le siége si Biron et Sully ne lui eussent conseillé de faire miner la tour (11). Leur avis fut aussitôt suivi, et le résultat de cette mesure fut d'ouvrir la muraille de la tour; mais elle se referma presqu'aussitôt, ce qui rassura les assiégés au point de leur faire crier ironiquement : Voilà le roi *Cendreux* (sans Dreux), ce qui n'empêcha point qu'ils ne se trouvassent forcés de capituler le lendemain. Quelques entêtés, néanmoins, s'étaient retranchés dans la tour grise, s'obstinant à se défendre contre Henri IV, mais leurs femmes, toutes en larmes, se jetèrent à leurs pieds et les décidèrent à céder. Sept seulement refusèrent absolument de se rendre. Henri IV pardonna à tous, sauf ces derniers dont l'entêtement et les insultes avaient été poussés trop loin ; et ils furent pendus sans égard pour leurs familles qui appartenaient à la haute bourgeoisie. Leur exécution eut lieu dans

---

(11) Manuscrit de M. Lemenestrel. C'est sur l'emplacement et les débris de cette tour qu'est aujourd'hui élevé le télégraphe.

un endroit nommé aujourd'hui la rue des Soupirs ; peu de temps après, cependant, leur mémoire fut réhabilitée.

Après la reddition de la ville, le marquis d'O. continua à jouir du comté de Dreux qui, après lui, passa au comte de Soissons. Ce comte étant mort, il ne paraît pas que sa veuve, Mme Anne de Montaffié, ait continué l'engagement, puisqu'on voit Pierre Le Vassor devenir engagiste, s'obligeant de rendre le comté de Dreux au domaine royal au bout de vingt ans. La comtesse de Soissons, Anne de Montaffié, conserva cependant un grand empire sur l'esprit des Drouais, comme on le verra plus tard, à l'article de l'Hôtel-Dieu.

Après la mort d'Henri IV, sa veuve, Marie de Médicis, sans égard pour les droits de Pierre Le Vassor, donna le comté de Dreux à Charles de Bourbon, comte de Soissons.

Sous la régence de Marie de Médécis, la ville de Dreux fut menacée d'un siége par le maréchal de Bassompierre, pour avoir pris le parti de Charles de Bourbon, comte de Dreux et de Soissons, qui s'était révolté contre la régente, à propos de l'élévation de Luynes, et avait entraîné dans sa révolte les ducs de Rohan, de Luxembourg, etc. Ils furent tous déclarés coupables de lèse-majesté. Charles se sauva, et Dreux ouvrit ses portes à Bassompierre.

Après la mort de Charles de Bourbon, les princesses de Carignan et de Nemours devinrent engagistes de Dreux.

Le manuscrit de l'Hôtel-de-Ville rapporte que Dreux fut menacé d'un siége par Caillebot de la Salle, au nom de la reine-mère, mais qu'ayant trouvé cette ville en bon état de défense et lui ne possédant qu'une pièce d'artillerie, il prit le parti de s'en retourner.

En 1707, le duc de Vendôme acheta le comté de Dreux pour le prix de 200,000 fr. ; mais Louis XIV, considérant les services que ce prince avait rendus à l'état, le gratifia de cette somme.

Marie-Anne de Bourbon-Condé, veuve de Louis de Vendôme, fut, après lui, comtesse de Dreux.

Louis-Auguste de Bourbon, duc du Maine, comte de Dreux, aux droits de sa femme Louise-Bénédictine de Bourbon-Condé, fille d'Anne de Bavière.

Louis de Bourbon, prince de Dombes, comte de Dreux. Il avait acheté de sa mère Louise le comté de Dreux, mais il n'en prit possession que lorsqu'elle fut décédée.

Louis-Charles de Bourbon, comte d'Eu et de Dreux, frère du prince de Dombes. Il tint d'abord ce comté à titre d'engagement, mais, en 1762, Louis XV le lui donna en toute propriété.

Cependant le comte d'Eu revendit, en 1775, ce même comté au roi Louis XVI pour le prix de 12,000,000 fr.; mais après sa mort, Louis XVI, pour se libérer de cette somme dont il était redevable au duc de Penthièvre, héritier du comte d'Eu, lui céda son marché par acte passé devant un M. Armand, notaire. C'est ainsi que le comté de Dreux est entré dans la maison de Penthièvre et ensuite dans celle d'Orléans par le mariage de la fille de M. le duc de Penthièvre avec le duc d'Orléans, père de S. M. Louis-Philippe.

Louis-Jean-Marie de Bourbon, duc de Penthièvre, comte de Dreux.

Ce duc ayant cédé à Louis XVI son domaine de Rambouillet où étaient inhumés plusieurs membres de sa famille, fit apporter leurs corps à Saint-Etienne de Dreux, l'année 1783.

Le 4 mars 1793, M. le duc de Penthièvre mourut à Bissy. Son corps fut transporté le 6 mai suivant à sa chapelle de Saint-Etienne de Dreux; il y entra vers minuit. Après les prières accoutumées, on le descendit dans le caveau, entre sa mère et sa femme. Ensuite on se hâta de célébrer sur le champ trois messes basses; puis on se retira sans bruit.

On trouve la note suivante dans le manuscrit de l'Hôtel-de-Ville :

« Ces corps et tous ceux qui étaient déposés dans

» l'église collégialle ont été retirés de leurs cercueils
» de plomb, le .... septembre 1793. »

Ils furent jetés dans la fosse commune !!!

MONUMENS PUBLICS.

Église Saint-Pierre.—Hôtel-Dieu.—Église Saint-Étienne.—Chapelle royale.—Hôtel-de-Ville.—Halles.—Temple protestant.

Au nombre des divers monumens dignes de fixer l'attention des voyageurs, nous devons surtout signaler l'église paroissiale de Saint-Pierre, aussi remarquable par les documens historiques qui s'y rattachent que par sa jolie chapelle de la Vierge et son portail, dus au talent de Thibault Méthezeau, que Dreux s'honore d'avoir vu naître dans ses murs.

Saint-Pierre de Dreux n'était autrefois qu'une chapelle dédiée à saint Sébastien et qui servait d'église à un couvent de bénédictins. Robert Ier, comte de Dreux, en fit restaurer le chœur l'année 1137. Elle fut ensuite érigée, sous le patronage de Sainte-Barbe, en succursale de Saint-Nicolas de Mérigot, église paroissiale d'alors.

Nous avons dit qu'en 1424, les six piliers qui soutiennent le chœur de Saint-Pierre avaient été reconstruits à la place des précédens que le siége de Dreux, par les Anglais, avait fortement endommagés. L'épitaphe que nous avons rapportée, n'y existe plus ; probablement c'est sous quelque couche de peinture qu'elle aura disparu.

Environ à la même époque, plusieurs riches familles de Dreux firent construire, à leurs frais, la nef de cette église et obtinrent en reconnaissance l'autorisation de placer leurs armes à la voûte.

On remarque, en effet, aux voûtes des nefs et des chapelles de Saint-Pierre une multitude d'écussons devenus indéchiffrables. Les belles verrières du chœur ont mieux conservé les armes des comtes de Dreux à l'écu échiqueté d'or et d'azur, et celles du connétable d'Albret qui sont de gueules sans brisure, écartelées de France, car il avait obtenu du roi Charles VI l'autorisation de les écarteler ainsi.

Les armoiries du comte de Suffolk se remarquent aussi sur les verrières du chœur de Saint-Pierre, de même que celles de la maison de Soissons qui avait fait réparer à ses frais les dommages que les divers siéges essuyés par la ville de Dreux avaient causé à ces verrières.

Ce fut en 1522, lorsque Saint-Nicolas de Mérigot eut été détruite, que sa succursale fut érigée en paroisse sous le patronage de Saint-Pierre. Alors, les Drouais lui firent un patrimoine.

Mais dès l'année 1516 on avait commencé à s'occuper de l'embellissement de cette église. Thibaut Méthézeau s'était engagé, par contrat, à lui élever un portail et deux tours; c'est ce que fait connaître l'épitaphe suivante gravée sur un mur, près du lieu où sont les cloches :

> Pour décorer ce temple déifique,
> Luy fut construist pour entrée magnificque
> Ce beau portail l'an quinze cent vingt-quatre,
> Et ces deux tours où sonner lon s'applique
> A Dieu servir et lennemy combattre.

L'aîle droite de l'église fut construite au commencement du XVIe siècle, sur les dessins de Clément Méthézeau, petit-fils de Thibaut. Il faut admirer la hardiesse de la voûte de cette partie de l'édifice, exécutée par le savant Clément, qui a aussi donné les dessins de l'ancienne boiserie du chœur et du buffet d'orgue exécutés en 1620.

Il existe dans cette église une assez grande quantité de peintures à fresque; la plus célèbre est celle qui représente Mercœur de France, fils aîné du baron de La Garde, blessé mortellement à la bataille de Dreux, où il portait le guidon du prince de Joinville. Au-dessous de cette peinture est une épitaphe explicative de l'événement.

Les habitans de Dreux avaient, à ce qu'il paraît une haute dévotion à Saint-Jacques de Compostelle ; beaucoup d'entr'eux ont même fait le voyage de Galice : c'est ce qu'explique le sacristain lorsqu'on lui demande ce que signifient ces peintures à fresque représentant une suite de pèlerins munis de bourdons, qu'on remarque dans la chapelle où se voit le tableau de la bataille de Dreux. Le nom de chaque personnage est inscrit sous sa figure avec le millésime de l'année où il accomplit son pèlerinage (12).

On pense que le célèbre poète Rotrou, natif de Dreux, est inhumé dans l'église Saint-Pierre, qui renferme aussi le cœur du baron de Montbrun, fils du connétable de ce nom. On y voit encore les épitaphes du général et du baron de Sénarmont, ensevelis dans une chapelle près du chœur.

Le peu d'étendue prescrit à cette notice s'oppose à ce que nous puissions donner d'autres détails sur l'église de Saint-Pierre de Dreux ; mais nous conseillons aux amateurs étrangers de ne point négliger de la visiter lorsqu'ils passeront par Dreux ; ils auront à y admirer de bien belles verrières, surtout dans la jolie chapelle de la Vierge dont la statue semble inondée d'un jour mystérieux ou auréole céleste par le verre de couleur placé au dôme de sa niche, un très-bon tableau de Sainte-Cécile dans la chapelle des musiciens ; et à droite du grand portail, au bas de la principale nef, à droite, en entrant, un bénitier fort curieux par ses sculptures qui représentent un ange marchant devant trois personnages qui portent des espèces de boîtes rondes ; en arrière sont deux chevaliers, l'un à pied, sa targe bouclée au cou ; l'autre à cheval, l'épée nue à la main. Ce bénitier est terminé en cul de lampe enrichi de fleurs, de fruits et de figures d'animaux.

Nous devons, en outre, mentionner ici une épitaphe de 1637, placée dans une des chapelles de la nef

---

(12) M. Langlois, marchand de fers, nous a assuré que cette explication du sacristain est exacte ; il a connu autrefois quelques-uns de ceux qui ont fait ce pèlerinage.

gauche par laquelle on apprend qu'Antoine Godeau, évêque de Grasse et de Vence, natif de Dreux, dédia, le 26 d'avril de l'année ci-dessus, une chapelle (*église*) en l'honneur de Saint-Jean.

Hôtel-Dieu.

L'Hôtel-Dieu de Dreux est sous l'invocation de Saint-Jean-Baptiste. L'édifice actuel a succédé à un plus ancien dont le fondateur est inconnu ; on ignore même l'époque de la fondation, quoique, du reste, on sache que l'église en fut bénie en 1170, par un évêque de Chartres, nommé Jean....... Cette église tomba en 1562, et fut rebâtie dans la même année. On reconnaît aux pierres d'attente que l'intention de l'architecte était de la voûter. Ce fut François de France, frère de Henri III et comte de Dreux qui fournit le bois de la charpente ; les aumônes des fidèles firent le reste.

Louis IV, dit *le Gros*, roi de France, accorda à l'Hôtel-Dieu le droit de moudre à ses moulins. L'acte de privilége est daté de 1132 ; il fut fait en présence de Louis VII, associé, comme roi, au gouvernement de son père

En 1210, Robert II, comte de Dreux, donna à l'Hôtel-Dieu les revenus de la foire Saint-Nicolas et celui des petits étaux qui sont sous la halle, en face de cet hospice. Outre ce don fait à perpétuité, il lui accorda encore le droit de prendre, pendant dix mois de l'année, une charretée de bois mort dans la forêt de Dreux ; il y ajouta vingt-quatre drouas de rente, et la moitié de la terre du Chauffon.

A cette époque, l'Hôtel-Dieu était gouverné par des frères hospitaliers, sous la conduite d'un religieux, prêtre, et dépendant des chanoines de Saint-Étienne-de-Dreux. Plus tard, les frères furent remplacés par une femme aidée d'une servante : un arrêt du grand-conseil les nomme *Sœurs*, qualifiées de *Mères* gouvernantes des pauvres.

En 1643, la comtesse Anne de Montaffié, veuve du comte de Soissons, aussi comte de Dreux, écrivit aux habitans de Dreux pour avoir leur avis sur le projet d'établissement de sœur Géneviève de Guillon à la tête de l'administration de l'Hôtel-Dieu. D'après la réponse qui laissait tout au bon plaisir de madame, la comtesse envoya à Dreux six religieuses hospitalières de la Roquette de Paris, conduites par Géneviève de Guillon, leur promettant sa protection contre toutes procédures de quiconque trouverait, à Dreux, à redire à cet établissement.

Cette précaution dénotait bien qu'elle s'attendait à une vive opposition lorsque les Drouais connaîtraient le fond de l'affaire. Effectivement, le projet d'établissement de Géneviève de Guillon ne s'était pas expliqué sur la nature de l'administration à elle accordée, et les Drouais avaient pensé qu'il ne s'agissait que du soin des pauvres et des malades ; mais quand ils apprirent que non-seulement la sœur Géneviève entendait administrer les affaires de l'hospice, mais encore qu'après sa mort, son droit était transmissible à une autre sœur, ils révoquèrent leur consentement et firent valoir leurs anciens droits à l'administration de l'hospice, droits qui leur avaient été confirmés par une ordonnance de François Ier. En vain Anne d'Autriche leur écrivit-elle, pour les engager à céder ces droits à Géneviève (13), ils les soutinrent vigoureusement jusqu'à ce qu'on les leur eût restitués.

La maladrerie de Saint-Lazare fut, dans le XVIIIe siècle, donnée à l'Hôtel-Dieu de Dreux. Elle avait été fondée par les seigneurs de Nuisement, à la charge que les maires, échevins et principaux bourgeois de Dreux en auraient l'administration, suivant l'ordonnance de François Ier.

Ancienne Église Saint-Étienne.

Nous ne passerons point sous silence l'ancienne église de Saint-Étienne de Dreux, elle est d'une origine trop reculée, d'une fondation trop remarquable, ses

(13) La copie de cette lettre existe dans le manuscrit de la bibliothèque de Dreux.

caveaux ont renfermé les cendres de trop de personnages historiques, pour que l'on ne parcoure pas avec intérêt les quelques lignes que nous allons lui consacrer.

Avant qu'elle fût devenue collégiale, ce n'était qu'une toute petite chapelle, bâtie auprès d'une faisanderie actuellement disparue. Huit chanoines la desservaient; leurs noms se trouvent dans la donation qu'Eve, femme de Gautier, fit au chapitre, en 954, de ses terres de Marville et Cérisy. Il est dit dans cet acte qu'elle était située au-dessous du château de Dreux : *Quæ sita est infera castrum Drocas*. On suppose que ce furent les chanoines qui, avec les aumônes des fidèles, commencèrent l'église collégiale dont il ne reste plus rien aujourd'hui. Ce fut Louis-le-Gros qui la termina Robert, son fils, premier comte de Dreux, la fonda en biens et contribua à son embellissement.

Chapelle Royale.

Il n'existe plus rien maintenant de l'ancienne église Saint-Etienne, dont les caveaux, outre les dépouilles mortelles des comtes de Dreux, Jean Ier, Robert IV, Robert V et Pierre, ont encore abrité celles du comte et de la comtesse de Toulouse, de M. le duc de Penthièvre, sa mère, sa femme et son fils. Quand la révolution vint les en arracher pour les livrer à l'oubli parmi d'autres ossemens, la reconnaissance de quelques fidèles serviteurs de la famille, trouva le moyen de les soustraire à cette cruelle profanation et les rendit plus tard à la fille de M. le duc Penthièvre, Mme la duchesse d'Orléans, qui alors commença de faire bâtir, pour leur sépulture, le temple que tous les étrangers accourent visiter aujourd'hui. La chapelle royale, ébauchée par Mme d'Orléans et terminée par Louis-Philippe, est la reproduction de différens styles religieux du moyen-âge. Ces diverses époques d'architecture réunies, forment des contrastes capricieux qui ne manquent cependant pas de grandiose. Les vitraux des fenêtres sont d'un seul morceau et de la plus parfaite beauté ; ils représentent plusieurs faits de la vie de

Saint-Louis. Les physionomies des personnages sont admirables d'expression et de vérité.

Une statue d'ange, merveilleuse œuvre de cette infortunée princesse Marie, si prématurément enlevée à la tendresse de sa famille, se remarque dans le caveau supérieur où elle repose, à côté de son frère Ferdinand-Philippe d'Orléans, dont la mort a plongé la France entière dans un long deuil de regrets ! ! !

Tout autour de cette chapelle funéraire, qui, de la teinte grisâtre et mélancolique du temps, doit acquérir tout son perfectionnement, s'élèvent, comme par enchantement, du sol ingrat et desséché de la haute montagne sur laquelle elle est placée, de riches massifs de verdure, où se balancent, en jetant dans l'atmosphère leurs enivrantes bouffées de parfums, les thyrses élégans des lilas, des seringats, des sorbiers et des bois de Sainte-Lucie en fleurs. On ne reconnaît plus la rigide forteresse qui résista aux efforts d'Henri IV, à travers les rideaux de clématites et de jasmins odorans, de giroflées jaunes, de valérianes et de muffliers écarlates, qui ont pris à tache de voiler l'âpreté de ses vieilles murailles. Robert Ier, lui-même, tomberait de son haut, rien qu'à voir ces tapis verdoyans où circulent de larges ruisseaux d'eau limpide, dont jamais il n'eût conçu l'idée..... C'est vraiment aussi le coup de baguette d'une fée, que de si beaux bosquets, de si verts gazons, de si limpides ruisseaux implantés si subitement au sein de cette inculte enceinte de vieilles murailles ruinées !

Hôtel-de-Ville (*).

Ce monument grandiose a été construit vers 1513, sur les ruines d'un premier édifice consumé par le feu. Il fut achevé en 1520 ; c'est assez dire que le style de son architecture se sent un peu de la renaissance.

Son extérieur est majestueux, il est flanqué de deux petites tourelles, terminées en nid d'hirondelle. Au-

---

(*) Beaucoup des détails, que nous allons reproduire, nous ont été communiqués par M. Lamésange, homme rempli de goût pour les Beaux-Arts.

dessus de son portail enrichi de sculptures dans le goût bysantin, sont les armes des comtes de Dreux (l'écu échiqueté d'or et d'azur), surmontées d'une couronne de comte et soutenues par deux branches de chêne vert, emblême de l'origine druidique de Dreux. Ce fut Robert Ier, fils de Louis-le-Gros, qui voulut ainsi joindre ses armoiries à celles des habitans d'une ville qu'il chérissait et qu'il avait choisie pour le lieu de sa résidence (14). On voyait aussi au XVIe siècle, à l'Hôtel-de-Ville, les armes et la devise de François Ier.

La première chose qui éblouit les regards en entrant dans l'Hôtel-de-Ville, c'est la hardiesse presque effrayante et l'admirable beauté de la voûte de la pièce d'entrée et des pendentifs qui terminent ses arceaux. A droite, une porte, à l'ogive prolongée en pointe aiguë, conduit au pied d'un escalier en limaçon, dont chaque marche porte sa rampe, et qui monte sans interruption jusqu'à la cloche du beffroi, où il se termine par une colonne dont la base est ornée d'une guirlande de feuilles de chou, et qui, s'élançant en spirale élégante, est couronnée d'un chapiteau montant à branches hardiment détachées les unes des autres, allant unir à un dôme arrondi leurs délicates et multiples moulures.

Cet escalier, construit tout en pierre et d'une élévation prodigieuse, est néanmoins fort spacieux et très-commode.

La salle du tribunal de la justice de paix est au premier étage ; on y remarque une cheminée fort curieuse du XVIe siècle ; elle est ornée d'une double frise en feuilles de chou.

(14) Il existe à l'Hôtel-de-Ville un registre où se trouve un inventaire fort curieux des chartes et papiers concernant cette union d'armoiries, et en outre, de tous les priviléges accordés à la ville de Dreux par ses anciens comtes, en 1180, 1269, 1294, etc. Ce registre, tombé entre les mains d'un épicier, allait avoir le sort de tant d'autres précieux papiers, dont on a eu à déplorer la perte, si M. Lamésange, premier adjoint à la mairie, amené par hasard chez l'épicier, ne l'eût sauvé de la destruction en le troquant contre une demi-rame de papier blanc. Il l'a donné à l'Hôtel-de-Ville, ce qui est consigné en tête du même registre, dans une note revêtue des signatures de M. Rotrou, maire alors, de M. Lamésange, et du sceau de la mairie de Dreux.

La bibliothèque publique se trouve à l'étage au-dessus. Dans cette belle pièce, on retrouve la répétition de la voûte du rez-de-chaussée, et une cheminée soutenue par deux piliers formés d'un assemblage de colonnettes fuselées (15).

La ville de Dreux est redevable à son adjoint, M. Lamésange, du plan du parquet, des croisées, de la lanterne et des dessins gothiques des casiers de la bibliothèque, lesquels s'harmonisent merveilleusement avec le style de la voûte et de la cheminée ; on doit aussi à M. Lamésange le plan du petit perron par lequel on accède aux bureaux de la Mairie, auparavant on y entrait par une petite porte étroite et basse, percée de côté dans l'escalier. Dans l'intérêt de sa ville natale, M. Lamésange a d'ailleurs consenti volontiers à se charger de surveiller l'exécution de toutes ces améliorations et embellissemens, qui sont le fruit de son goût et de son imagination.

La cloche du beffroi de l'Hôtel-de-Ville, fondue en 1562, s'étant trouvée fêlée en 18..., il a fallu en faire refaire une nouvelle ; mais on y a religieusement conservé la représentation de la procession des brandons ou flambarts, qui se voyait sur la première. Les armoiries des comtes de Dreux et le buste de Jean Rotrou, poète et lieutenant particulier de cette ville, et qui y naquit en 1609, sont aussi reproduits sur cette nouvelle cloche (16).

Puisque nous avons nommé les flambarts, nous devons dire en quoi consistait cette cérémonie : c'était

(15) On voit dans la bibliothèque un immense tableau représentant la bataille de Dreux. Sans doute ce morceau est fort beau ; mais il a le tort d'être d'une dimension disproportionnée avec le local où il se trouve.

(16) On ne voit pas sur le modèle en plâtre de cette cloche, déposé à la bibliothèque, ce buste de Rotrou : ce fut une heureuse et patriotique idée de M. Lamésange ; on lui doit même la composition du médaillon entouré de deux branches de gui de chêne, symbole de l'origine druidique de Dreux, surmonté d'une étoile, emblème de l'immortalité, et entouré d'un exergue indiquant l'honorable cause de la mort prématurée du célèbre poète que Corneille appelait son père.

un' reste de solénnité druidique. La veille de Noël, à cinq heures du soir, les habitans de Dreux sortaient de leurs maisons portant sur l'épaule de grands brandons ou torches allumés, tenant à la main de petites crèches, et allaient, au son de la cloche de l'Hôtel-de-Ville, faire trois fois le tour de la halle, accompagnés d'enfans vêtus en bergers et en bergères ; puis, ils se rendaient au cimetière de l'église Saint-Pierre, tout en criant : *Noël! Nolé!* Arrivés là, ils chantaient le *Veni Creator,* autour de leurs torches réunis en faisceau (17). M. le duc de Penthièvre a, en 1785, honoré cette cérémonie de sa présence.

Temple protestant. — Halle.

Nous ne dirons qu'un mot de ces deux édifices ; le premier est situé au village de Mal-Sauceux ; son ministre se nomme M. Née.

La halle est un bâtiment très-moderne ; il est construit en bois et se compose de trente-six arcades, que soutiennent autant de colonnes arrondies. On y place des étaux le lundi, qui est le jour du marché de Dreux. C'est sous cette halle que se vendent les céréales, les étoffes, etc.

Maisons anciennes — Château. — Maison des Princes.

Dreux n'offre presque plus de vestiges de ses anciennes fortifications. On voit pourtant aux deux extrémités de la rue Porte-Chartraine quatre espèces de vieilles tours, où apparaît encore un écusson effacé, soutenu par deux anges. Dans cette même rue est une maison située, en face de l'Hôtel-de-Ville, qui a une porte du XVIe siècle. Il y a aussi, dans la rue de Flan-

(17) Ces courses sous les halles, qui alors étaient fort basses et couvertes de greniers pleins d'objets combustibles, ayant occasionné des craintes pour l'incendie, on voulut supprimer cette procession des flambarts, mais on ne put y parvenir. Les Drouais étaient persuadés que le feu de leurs torches ne pouvait allumer d'incendie ; il fallut renoncer à vouloir empêcher leurs cérémonies. La révolution seule vint y mettre fin.

dres, une très-vieille maison décorée en sculptures de bois; d'autres maisons sont galandées en tuileau disposé en arête de poisson; enfin, sur la route de Brezolles, à la sortie de Dreux, existe encore en ce moment, la chapelle de Saint-Thibault, convertie en un logement particulier.

Mais l'emplacement près duquel s'élève la chapelle royale, est surtout intéressant à étudier. Là où se trouve le télégraphe, était la fameuse tour grise, détruite par le conseil de Sully. C'était le donjon du château primitif de Dreux, qui résista aux efforts de Richard, duc de Normandie, lorsque, ne pouvant amener Eudes, comte de Chartres, à restituer la dot de Mathilde, morte sans enfans, il vint mettre le siége devant Dreux. Robert Ier en augmenta tellement les fortifications, qu'il a passé pour en être le fondateur. Il l'entoura d'une enceinte de fortes murailles, flanquées de six tourelles, qui existent encore actuellement. Robert, troisième du nom, fit élever la grosse tour qu'on voit encore debout et dans laquelle sont les appartemens de Louis-Philippe.

Outre cette tour, au bas de laquelle se trouvait une courtine, il existait encore dans le XVIIIe siècle un vieux château, que M. le duc de Penthièvre fit abattre en 1778, suivant le manuscrit de M. Lemenestrel, et dont on attribue l'érection à Robert Ier, qui faisait sa résidence à Dreux. C'était ce château qu'on appelait la Maison des Princes et qui a reçu dans son enceinte tant de rois, princes, comtes et barons, dont les noms sont fameux dans l'histoire.

Mais de tous ces ouvrages, attribués aux premiers comtes de Dreux, on voit qu'il ne reste que peu de chose. Le siége de Dreux, par Henri V, et l'occupation anglaise, avaient commencé à les défigurer. Henri IV, lui-même, après la reddition du donjon, fit raser les courtines et saper les murailles de la grande enceinte; cependant il fit réparer les fortifications pour la sûreté de la place.

Salle de Spectacle. — Hommes célèbres. — Institutions et priviléges de la ville de Dreux. — Le Château de la Robertière.

Il y a à Dreux une fort jolie petite salle de spectacle ; c'est la propriété de M. Lamésange, qui s'est complu à faire construire ce monument, complément indispensable de la beauté d'une ville. Tout est convenable, frais et soigné dans le théâtre de Dreux ; on n'a qu'une chose à regretter, c'est qu'il semble être condamné à une éternelle solitude. Ce n'est pas que les Drouais dédaignent les plaisirs du spectacle, mais il vient à Dreux tant de ces comédiens ambulans qui se contentent d'une loge en planches sur la place publique, et ils sont tellement suivis, à cause de la modicité du prix de leurs places, que les bonnes troupes des grandes villes de province ne trouveraient pas assez de bénéfice à vouloir tenir la concurrence.

Hommes célèbres.

Au bas du grand escalier en briques par lequel on accède au plateau où s'élève la chapelle royale, à droite de la grande porte voûtée, est une maison assez fraîchement restaurée, sur la façade de laquelle on lit cette inscription :

Ici naquit Philidor, le 7 septembre 1726.

Indépendamment de ce fameux joueur d'échecs, la ville de Dreux a vu naître encore dans ses murs le célèbre Clément Méthézeau, inventeur de la digue de la Rochelle ; Antoine Godeau, écrivain moraliste, historien et orateur renommé, et Jean Rotrou, poëte distingué, qu'illustra surtout son patriotisme, honorable cause de sa mort. Une maladie épidémique faisait d'affreux ravages dans Dreux ; Rotrou, lieutenant particulier du bailliage, pressé par ses amis et surtout par un frère qu'il avait à Paris, de quitter une ville où sa vie était en danger, écrivit ces paroles mémorables :

« Placé à Dreux pour maintenir le bon ordre dans
» d'aussi malheureuses circonstances, je serais cou-
» pable d'abandonner mes concitoyens. Leur salut

» m'est confié ; j'en réponds à ma patrie ; je ne trahirai
» ni l'honneur ni ma conscience. »

Huit jours après, le généreux Rotrou avait succombé à la contagion.

Institutions et priviléges accordés à la ville de Dreux par ses Comtes.

Nous nous étions d'abord proposé de remettre, à l'histoire complète que nous devons publier prochainement sur Dreux, la reproduction des chartes d'institutions, franchises et priviléges accordés aux bourgeois de cette ville par leurs premiers comtes : une plus mûre réflexion nous a fait penser qu'il n'était pas inutile d'en insérer quelques extraits dans ce petit abrégé de l'histoire de Dreux ; nous avons donc choisi dans les chartes, traduites en vieux français du XIVe siècle, les passages suivans, comme étant de nature à intéresser le lecteur (18) :

« A tous ceux, etc. Robert Cucus (19), de Dreux
» et de Montfort (20), salut en nostre Seigneur. Nous
» faisons à sçauoir à tous, que comme contans fust
» entre nous d'une partie et nos bourgeois de Dreux,
» de l'autre sus diuers articles. Et sus ce que li de-
» uant dit bourgeois, demandoyent franchises plu-
» sieurs en nostre ville de Dreux. A la parfin del
» conseil des bonnes gens, nous accordasmes etc....
» Quiconques est de la commune de nostre ville de
» Dreux, il est frans de coustume, de vendre et d'a-
» chepter toutes manières de marchandises etc. De-
» rechef quiconques de la commune ou qui ne soit
» mie de la commune vse de son mestier ou de sa
» marchandise faussement dedans la ville de Dreux,
» la cognoissance et la iustice appartient au seigneur,
» appelé à ce le maire. Derechef si aucun de la com-
» mune achepte vin, il le peut prendre à tonel,
» esme ou esleuie, ou autrement, sauf le muiage au

(18) La plupart de ces chartes sont en latin ; j'en dois la communication à la complaisance éclairée de M. Lamésange.

(19) De Qeen ou Queen (comte). Ce mot est resté dans la langue anglaise, et signifie maintenant *Reine*.

(20) Montfort-l'Amaury.

» seignor, s'il est mesurez. Derechef la manière de
» faire le maire, est telle, li Cueus, ou son comman-
» dement, doit prendre 100 ou cent vingt bourgeois
» de la ville, si qu'il y eu ayt de chacune rue de la
» ville à ces hommes eslire, li Cueus appellera le
» maire qui a été en celle année et six des pairs et
» iceux cent ou six-vingts esliront 40 d'eux ou d'au-
» tres par leur serment, et iceux 40 en esliront 12
» par leur serment aussi en telle manière qu'en ces
» douze il ne peut y auoir que deux d'vn lignage jus-
» qu'au tiers degré, et ceux douze feront le maire
» ou d'eux ou d'autre. Derechef quiconques doit ara-
» mine il la peut rachepter par l'amende qui y a fiert.
» Et voulons et octroyons que toutes les lettres que
» nous auions d'eux, des iniures que nous disions
» qu'ils avaient faictes à nous et aux nostres, les-
» quelles lettres il était conuenu que nous deuions
» auoir le disisme de leurs cueillettes iusqu'à cinq
» ans, soyent nulles. En seurquótat nous voulons que
» la chartre de la commune de Dreux qu'ils ont de
» nos encesseurs, demeure en sa force, etc. Et que
» ces choses soyent à tousiours fortes et steables.
» Nous auons scellé ces présentes lettres de nostre
» scel. Ce fut fait lan de lincarnation de Nostre Sei-
» gneur Jésus-Christ mil deux cents soixante et neuf,
» el moys de mars. »

« Nous Robert Cueus de Dreux, etc., comme nous
» eussions la moictié és chantiers des vins de Dreux,
» et nous et le maire communément ensemble feissions
» et meissions les courratiers des vins. Sçachent tuit
» que nous regardant le profit de nostre commune de
» Dreux, pour le profit de ladite commune, donnons
» et octroyons au maire, aux pairs, et à ladite com-
» mune, quittons à tousiours ces deux articles et
» quanque nous y auions et pouuions auoir sans rien
» réclamer de nous ne nos hoirs de cy en auant. Et
» en témoin de ce, nous en auons donné aux deuants
» dits, etc., ces présentes lettres scellées de nostre
» scel. Ce fut faict et donné en lan de grace 1274, au
» moys d'aoust. »

« Cy après ensuit vne autre chartre, donnée par
» vne dame nommée Ieanne, comtesse de Dreux et
» vicomtesse de Touars, scellée d'un scel bellong, de
» cire vert pendans en lacqs de soye verte dont la te-
» neur ensuit. »

« A tous ceux, etc. Ieanne de Dreux, comtesse du-
» dit lieu et vicomtesse de Touars, etc. Sçauoir fai-
» sons à tous que comme desia pieça entre nos sei-
» gneurs et prédécesseurs comtes de Dreux, ou au-
» cuns d'iceux en leur temps. Et nous depuis que
» nouellement succédasmes en ladite comté. Autho-
» risée de nostre très-cher seigneur et espoux mon-
» seigneur Loys, vicomte de Touars, par ces lettres
» pendans desquelles la teneur est encorporée de mot
» à mot cy-dessous....... Auons accordé et accor-
» dons, etc....., avec lesdits maires et pairs au nom
» que dessus. Et eux..... sur lesdits débats, etc....., si
» aucun de la commune est accusé sans plaintif ou de
» son commandement, ly accusé s'en partira par son
» serment exceptez le cas où il appartient péril de
» vie, etc..... En tesmoin de laquelle chose nous
» avons scellé ces lettres, etc.....
» Donné à la Roberdière, lan de grace mil trois
» cent quarante-sept, le lundy après la Feste Saint-
» Denys. »

Château de la Robertière.

Ce serait une impardonnable étourderie que d'ou-
blier dans cette notice, destinée à donner aux étrangers un aperçu de ce que l'histoire de Dreux offre de
plus intéressant, le château de la Robertière, construit
en 1162 par le comte Robert Ier, qui l'avait entouré
de solides fortifications.

Il ne reste presque plus rien aujourd'hui de cette
antique forteresse, placée sur une hauteur escarpée
à l'entrée de Dreux, à une faible distance de la rivière
d'Eure, et à trois petites lieues de la ville de Dreux.
Mais on a conservé le souvenir à jamais mémorable
du siége qu'y soutinrent, pendant huit mois, une poi-
gnée d'hommes dévoués au connétable d'Albret, que

l'occupation anglaise avait dépossédé de son comté et de sa ville, contre les troupes du duc de Suffolk.

Ce duc voyant que tous ses efforts pour forcer le château ou séduire ses défenseurs, étaient vains, employa un moyen barbare pour les amener à se rendre : ce fut de faire venir devant leurs fortifications les parens qu'ils avaient laissés à Dreux, et de mettre leur vie au prix de la reddition de la place. L'alternative était horrible, mais les assiégés aimèrent mieux laisser sacrifier leurs infortunés parens que de se soumettre aux Anglais, qui auraient certainement été forcés de lever le siége, si un traître nommé Vascon, ne leur eût livré le château, qui fut aussitôt rasé.

On dit qu'il existe d'immenses souterrains sous ce château, qui, lui-même, était d'une immense étendue. La tradition du pays rapporte que ces ruines, ces souterrains et la forêt de Dreux ont fourni à Ducray-Duménil le sujet de son *Victor, ou l'Enfant de la Forêt*. On ajoute même que Roger, le fameux chef de brigands qui figure dans ce roman, logeait à l'hôtel du Paradis. Si cette histoire avait quelque réalité, il faudrait avouer que ce terrible capitaine de voleurs savait au moins fort bien choisir ses logemens, car, de tous les hôtels de Dreux, et il y en a au moins quatre ou cinq, c'est celui du Paradis qui est sans contredit le plus confortable.

Nous avons déjà annoncé que le peu d'étendue de cette Notice ne nous permettait pas d'entrer dans de plus longs détails sur l'histoire de Dreux ; mais nous prions nos lecteurs de se souvenir que nous leur avons promis un Ouvrage prochain plus complet. Nous espérons d'eux pour ce travail, dont nous nous occupons activement, autant de sympathie et de bienveillance que nous en avons obtenu pour celui-ci : notre reconnaissance ne sera pas non plus moins profonde ni moins sincère.

F. ET A. LECOINTE FRÈRES, IMPRIMEURS ET LITHOGRAPHES, Rue des Carmes, n° 36, à Rouen.

www.ingramcontent.com/pod-product-compliance
Lightning Source LLC
Chambersburg PA
CBHW060528050426
42451CB00011B/1713